BEI GRIN MACHT SICH IHR WISSEN BEZAHLT

- Wir veröffentlichen Ihre Hausarbeit, Bachelor- und Masterarbeit

- Ihr eigenes eBook und Buch - weltweit in allen wichtigen Shops

- Verdienen Sie an jedem Verkauf

Jetzt bei www.GRIN.com hochladen und kostenlos publizieren

Bibliografische Information der Deutschen Nationalbibliothek:

Die Deutsche Bibliothek verzeichnet diese Publikation in der Deutschen National-
bibliografie; detaillierte bibliografische Daten sind im Internet über http://dnb.d-
nb.de/ abrufbar.

Impressum:

Copyright © 2016 GRIN Verlag, Open Publishing GmbH
Druck und Bindung: Books on Demand GmbH, Norderstedt Germany
ISBN: 9783668566774

Dieses Buch bei GRIN:

http://www.grin.com/de/e-book/379130/vom-pagerank-zum-heutigen-google

Anja Christina Mutter

Vom PageRank zum heutigen Google

GRIN Verlag

GRIN - Your knowledge has value

Der GRIN Verlag publiziert seit 1998 wissenschaftliche Arbeiten von Studenten, Hochschullehrern und anderen Akademikern als eBook und gedrucktes Buch. Die Verlagswebsite www.grin.com ist die ideale Plattform zur Veröffentlichung von Hausarbeiten, Abschlussarbeiten, wissenschaftlichen Aufsätzen, Dissertationen und Fachbüchern.

Besuchen Sie uns im Internet:

http://www.grin.com/

http://www.facebook.com/grincom

http://www.twitter.com/grin_com

Vom PageRank zum heutigen Google

– **Proseminararbeit** –

eingereicht von

Anja Christina Mutter

Inhaltsverzeichnis

Abbildungsverzeichnis

Tabellenverzeichnis

1 Motivation

Ein präsentes Thema der heutigen Zeit ist „Big Data", der schnelle Wandel einer sehr großen und rasant wachsenden heterogenen Datenmenge. Allein im World Wide Web kommen zu den 60 Trillionen Webseiten tagtäglich Neue dazu (o.V. o.J.c). Vor allem hier ist die Entwicklung der Datenmenge und -inhalte schwer nachvollziehbar und kontrollierbar.

Das ist nur ein Grund von vielen, die aufzeigen, warum Suchmaschinen im Web notwendig sind. Eine der weltweit bekanntesten und erfolgreichsten davon ist „Google". 66% der Internet-User weltweit nutzen die Suchmaschine stationär an PCs, 90% mobil (Statista 2016f). Der Bekanntheitsgrad des unumstrittenen Marktführers liegt selbst bei Kindern bei 95%, gefolgt von Yahoo!, welches dagegen nur bei 60% der Kinder bekannt ist (Statista 2015c). Es geht sogar so weit, dass das Wort „googeln" in die 23. Auflage des Dudens als Synonym für Internet-Suche aufgenommen wurde. Der Begriff „Google" steht längst nicht mehr nur für eine Suchmaschine. Zahlreiche weitere Produkte und Services sind seit der Gründung 1998 durch Larry Page und Sergey Brin entwickelt worden und haben sich in unserem alltäglichen Leben etabliert. Außerhalb der Suchmaschinentechnologie investiert Google immer weiter in verschiedene Branchen. Der Begriff „Google" ist in der heutigen Zeit ein abstrakter, tatsächlich ungreifbarer Begriff geworden - Google, ein Unternehmen, welches sich in kürzester Zeit rasant entwickelt und für Außenstehende unkontrolliert wächst und an Macht gewinnt. In dieser Arbeit soll aufgezeigt werden, wie Google sich im Laufe der Zeit als eines der erfolgreichsten Unternehmen in der Technologiebranche und zum natürlichen Monopol unter den Suchmaschinen entwickeln konnte und welche Herausforderungen dem Unternehmen gegenüberstehen.

Die Struktur der Arbeit ist wie folgt aufgebaut:

Im nachfolgenden Kapitel erhält der Leser einen betriebswirtschaftlichen Einblick in das Unternehmen Google Inc. und dessen finanzielle Kennzahlen. Das Kapitel 3 greift prägende Entwicklungen von und für Google auf, die maßgeblich zum Erfolg beigetragen haben. Hier werden besonders die Funktionsweise einer Suchmaschine und der von Larry Page entwickelte PageRank-Algorithmus erklärt. In Kapitel 4 wird Googles Strategie erläutert. Abschließend werden in Kapitel 5 die Herausforderungen für den Weltkonzern diskutiert.

2   Google – Ein Zahlenspiegel

Vom Garagenbüro zum Weltkonzern: Larry Page und Sergey Brin gründeten 1998 mit einem Scheck über 100 000 USD von Andy Bechtolsheim, Co-Founder von Sun Microsystems, die Firma Google Inc. (o.V. 22.10.2015). Sequoia Capital und Kleiner Perkins Caufield & Byers ermöglichten dem Start-Up eine Eigenkapitalfinanzierung von 25 Millionen USD, um die Idee der strukturierten Suche im Web zu fördern. Im Zuge dessen traten die beiden Risikokapitalgeber in den Vorstand von Google ein. Weitere Investoren waren die Stanford University und andere Persönlichkeiten aus der Technologie- und Internetbranche (o.V. 1999).

Seit der Gründung wuchs Google Inc. innerhalb von nur zehn Jahren von zwei auf rund 20 000 Mitarbeiter an, die monatlich neue Dienste, Entwicklungen und Produkte auf den Markt bringen (vgl. Kapitel 3). 2015 arbeiteten weltweit 62 000 Menschen für Google Inc. (Statista 2016b; o.V. 22.10.2015).

Das rasante Wachstum von Google ist auf die signifikante Entwicklung der Werbeumsätze, besonders aus den Haupteinnahmequellen Google AdWords und Google AdSense zurückzuführen. Während sich diese 2001 noch auf 70 Millionen USD beliefen, stiegen sie bis 2015 auf 67,39 Mrd. USD an (Statista 2016c). Allein die Webanwendung Google AdSense machte 2012 mit 3,44 Mrd. USD 27% der Bilanzsumme aus (Dickey 15.03.2013). Im Vergleich dazu warf beispielsweise YouTube 2015 nur etwa 6 Milliarden USD an Gewinn ab (Statista 2016h). Die Umsatzzahlen sind seit 2013 von 55 Milliarden USD innerhalb von 2 Jahren um 20 Milliarden USD gestiegen (Statista 2016d). In den letzten Jahren stiegen die Umsätze nicht mehr so stark an wie zuvor. Dies ist unter anderem auf sinkende Costs-per-Clicks im Werbegeschäft zurückzuführen. Die mobile Branche ist bedeutender geworden als die stationäre, daher wirken sich die günstigeren Werbekosten bei mobilen Anzeigen negativ auf das Wachstum der Umsatzzahlen aus (Statista 2016e; Briegleb 2009). Ein Großteil der Umsätze wird direkt wieder in weitere Innovationen, Entwicklungen und Projekte investiert, um weiterhin den Markt zu dominieren und den Konkurrenten immer mindestens einen Schritt voraus sein zu können.

Am Markenwert gemessen zählt Google mittlerweile nach Apple und vor Microsoft zu den drei wertvollsten Technologieunternehmen (Statista 2015b).

Den Börsengang zögerten die Gründer so lange wie möglich hinaus, um keine betrieblichen Kennzahlen öffentlich bekannt geben zu müssen und den Konkurrenten ihre hohe Rentabilität vorenthalten zu können. Doch am 19. August 2004 wurde Google mit 19 605 052 Stammaktien dann doch zu einer Aktiengesellschaft: Der Wert pro Aktie wurde auf 85 USD notiert (o.V. 22.10.2015; Vise/Malseed 2007). Heute liegt der Kurs bei 656,99 USD (o.V. 2015). Nach einer Datenerhebung von Kleiner Perkins Caufield & Byers beträgt der Börsenwert von Google Inc. 373 Mrd. USD (Statista 2015a).

In Deutschland besitzt Google in verschiedenen Marktsegmenten folgende Marktanteile: Suchmaschinen (91%), Smartphone-Betriebssysteme (77%), Internet-Browser (25%) und

Emailkonten (7%) (Statista 2014a). In den USA erzielt der Marktführer unter den Suchmaschinen Google einen Marktanteil von 87,94%, während die Konkurrenten Bing und Yahoo! Search nur 3,61% und 3,43% aller Suchanfragen ausmachten (Statista 2016g). Die Häufigkeit der Seitenaufrufe bietet Google einen hohen ökonomischen Nutzen und dient als Grundlage für eine begehrte Plattform für Werbetreibende, da sie sich an der Anzahl der Endkunden orientieren.

3 Google – Prägende Entwicklungen

Durch welche prägenden Entwicklungen die Suchmaschine Google zum heutigen Global Player Google Inc. geworden ist, wird in diesem Kapitel erläutert. Der Fokus liegt hier auf der Suchmaschine und dem PageRank-Algorithmus, welche maßgeblich zu der schnellen positiven Entwicklung von Google beigetragen haben und immer noch Basis des aktuellen Geschäftsmodells sind.

3.1 Suchmaschine

Lawrence Page und Sergey Brin programmierten während ihres Studiums an der Stanford University die Suchmaschine Google. Diese sollte lediglich den Nutzen haben, den Menschen Wissen strukturiert und kostenlos zur Verfügung zu stellen (Hübener 2009, S.15). Die beiden Gründer haben in ihrer Studienzeit dazu eine wissenschaftliche Arbeit geschrieben, die publiziert auch einigen Konkurrenten als Grundlage diente (Erlhofer 2013, S. 272). Zudem ließ Larry Page 1998 „Method of node ranking in a linked database" patentieren, in welcher er den Wertigkeitsfaktor in den Suchalgorithmus mit einbindet (Reischl 2008, S. 32). Dieser ermöglichte effizientere Suchergebnisse, als es die Konkurrenz vermochte.

Zunächst sollen der Begriff und die Funktionsweise einer Suchmaschine definiert und erklärt werden. „Suchmaschinen haben die Intention, ihren Benutzern inhaltlich wertvolle und aktuelle Informationen aus dem World Wide Web zu liefern. Um diese Aufgabe erfüllen zu können, müssen sie die im World Wide Web verfügbaren Informationen so akkurat wie möglich indizieren" (Hübener 2009, S. 9). Der Index von Google misst über 100 Millionen Gigabyte (08.09.2015). Um diesen permanent aktualisieren und erweitern zu können, durchsucht die Suchmaschine das Internet automatisch. Dazu dienen im Allgemeinen folgende vier Komponenten (Langville/Meyer 2012):

1) Crawler Module
2) Indexing Module
3) Query Module
4) Ranking Module

Programme auf Hochleistungsservern, „Crawler", „Spider" oder auch „Robot" genannt, untersuchen die Inhalte des Webs in regelmäßigen Abständen nach der Abundanz der vorkommenden Begriffe. Diese Daten werden gespeichert und ausgewählte Webseiten werden in den Index aufgenommen (Hübener 2009, S. 9).

Das Indexing Module filtert aus allen gespeicherten Daten des Crawlers Schlüsselwörter, Phrasen und Suchbegriffe. Diese werden dann im „inversen Index" zu den bereits im Lexikon enthaltenen Wörtern ergänzt. Die Daten werden im Datenspeicher, dem sogenannten „Repository" in eine normalisierte Form transformiert und abgespeichert (Koch 2007, S. 27 ff.).

Das Query Module findet Übereinstimmungen von Wörtern der vom Nutzer gestellten Suchanfrage und den im Index gespeicherten Begriffen. Es sammelt also Seiten, die für die Antwort der Suchanfrage in Betracht kommen könnten.

Um anschließend die Relevanz der Webseiten zu bestimmen, ist das Ranking Module ebenfalls ein essenzieller Bestandteil einer Suchmaschine. Diese Funktion übernimmt bei Google unter anderem der PageRank-Algorithmus. Die Auswertung der Wichtigkeit ist von verschiedenen Faktoren abhängig (Langville/Meyer 2012):

- Content score: Relevanz des Inhalts, bezogen auf die Suchanfrage
- Popularity score: Reputation der Seite, unabhängig von der Suchanfrage

Neben den vier allgemeinen Modul-Komponenten besteht eine Suchmaschine zudem aus einer Datenbank, die die Webseiten des Indexes nachhält, einem Suchmaschinen-Algorithmus (vgl. Kapitel 3.2) und einer Suchmaske (Koch 2007, S. 27). Das Design der Suchmaske von Google ist sehr einfach und benutzerfreundlich gestaltet.

Im Vergleich werden hier die allgemeinen Bestandteile einer Suchmaschine und die Architektur von Google dargestellt.

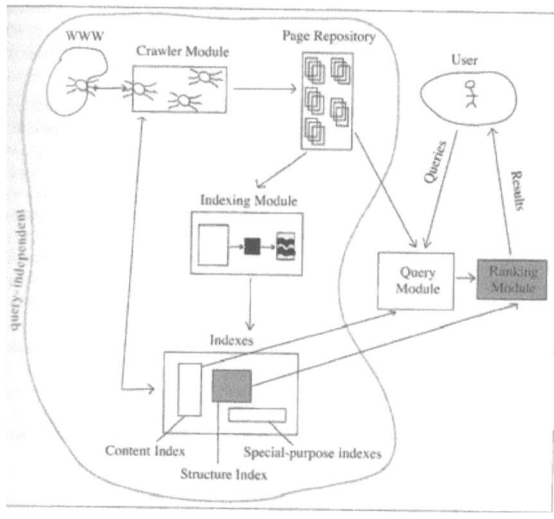

Abbildung 1: Elemente einer Suchmaschine (Langville/Meyer 2012)

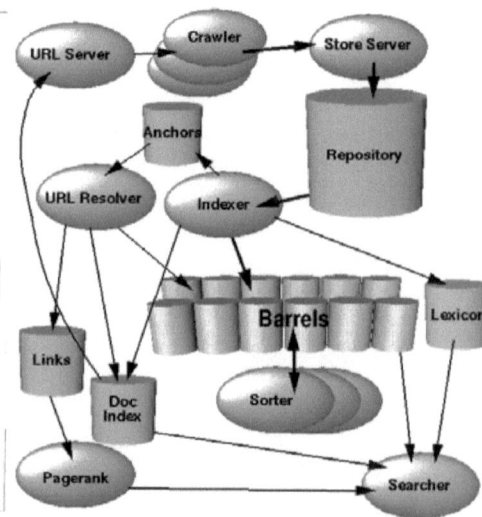

Abbildung 2: Architektur der Google Suchmaschine (Page/Brin 1998a)

Googles Ergebnisseite hat einen durchdachten Aufbau: Über der tatsächlich gerankten Trefferliste, den „natürlichen" Suchergebnissen, stehen die Anzeigen, die Unternehmen über Google AdWords schalten können (vgl. Kapitel 3.3). Rechts daneben findet der Nutzer die Ergebnisse von Google Shopping. Diese für die Werbenden kostenpflichtigen Anzeigen werden strategisch in das erste Blickfeld des Nutzers gerückt, um Klicks und die damit verbundenen Werbeeinnahmen zu generieren. Für über 90% der Nutzer ist laut Suchmaschinen-Experten Christoph Pichler und Herwig Seitz lediglich die erste Ergebnisseite relevant. Während das erste Ergebnis mit einer Wahrscheinlichkeit von etwa 50% aufgerufen wird, wird das zehnte nur zu 3% angeklickt (Reischl 2008, S. 102).

Zusätzlich zu der einfachen Handhabung hebt sich Google von anderen Suchmaschinen besonders durch die schnelle Performance und praktischen Features ab (o.V. o.J.c):

- Bilder- und Sprachsuche
- Google Instant: „Ergebnisse der Suchanfragen werden bereits beim Eintippen angezeigt"
- Korrektur von Rechtschreibfehlern und Anzeige von Alternativen
- Berücksichtigung von Synonymen und der Bedeutung in unterschiedlichen Zusammenhängen
- Google Goggles: Smartphone-App, die mithilfe der Bilderkennung Suchergebnisse zu Scans oder Abbildungen auf Fotos zu erhalten
- Google Scholar: Suchfunktion speziell für wissenschaftliche Inhalte

„Voice Interface for a Search Engine", die unter anderem von Sergey Brin entwickelte Spracherkennung, wurde schon 2001 beim US-Patentamt eingereicht (Reischl 2008, S. 125). Besonders diese ist sehr datenintensiv. Täglich werden etwa 3 Milliarden Suchvorgänge bearbeitet (08.09.2015; o.V. o.J.c), ob manuell eingetippt oder gesprochen. Das generiert einen enormen Bedarf an Servern, Technologie, Sicherheitssystemen und Dynamik. Die Server von Google sind über die ganze Welt verteilt. Wegen des ungreifbar großen Volumens der Daten, die gespeichert und nachgehalten werden müssen, der dadurch anfallenden Kosten und der schnelle Verfügbarkeit reichen die herkömmlichen Data Warehouse Systeme nicht mehr aus. Internet-Riesen wie Google setzen daher auf neuste Technologien, wie beispielsweise Hadoop, bestehend aus einem distribuierten Datensystem (HDFS) und einem „Parallelisierungs-Framework" zur „Datenverarbeitung in großen Server-Clustern" (MapReduce) (Bartel et al. 2014), NoSQL oder andere analytische Datenbanken (Müller 2014).

3.2   PageRank-Algorithmus

Die Nützlichkeit einer Suchmaschine ist abhängig von der Relevanz ihrer Ergebnisse und der Benutzerfreundlichkeit. Die Benutzerfreundlichkeit zeichnet sich durch eine einfache Handhabung sowie ein für den Nutzer hilfreiches Ranking aus.

Ähnlich wie man in wissenschaftlichen Arbeiten die Qualität eines Dokuments nach der Anzahl der Zitationen aus anderen wissenschaftlichen Publikationen bewertet (Vise/Malseed

2007), entwickelten Lawrence Page zur Berechnung der Relevanz einer Webseite zusammen mit Sergey Brin 1998 den PageRank-Algorithmus. Dieser zählt zu den bedeutendsten Algorithmen und hat anfangs maßgeblich zum Erfolg der Suchmaschine Google beigetragen. Page und Brin schreiben in ihrer wissenschaftlichen Arbeit: „PageRank is an attempt to see how good an approximation to ‚importance' can be obtained just from the link structure. [...] [A] Page has high rank if the sum of he ranks of its backlinks is high. This covers both the case when a page has many backlinks and when a page has a few highly ranked backlinks" (Page/Brin 1998b).

Der PageRank-Algorithmus unterscheidet sich dahingehend von der Link-Popularität, dass die Wichtigkeit eines Dokuments nicht nur von der Anzahl der Backlinks abhängig ist, sondern viel mehr von der berechneten Relevanz, dem PageRank-Wert. Dieser ist wiederum abhängig vom PageRank der verlinkten Seiten (Backlinks), einem Dämpfungsfaktor und den ausgehenden Links, auf die der eigene PageRank weitervererbt wird. Hinzu kommen noch zahlreiche, unbekannten Faktoren. Dabei wird die Qualität des Inhalts vorerst vernachlässigt (Koch 2007, S. 51).

Die mathematische Funktionsweise des PageRank-Algorithmus wird im Folgenden deduktiv erklärt.

Der PageRank-Wert einer Webseite wird mit einer rekursiven Formel berechnet (Page/Brin 1998a):

$$PR(A) = (1-d) + d \left(\frac{PR(T_1)}{C(T_1)} + \ldots + \frac{PR(T_n)}{C(T_n)} \right)$$

mit

- PR(A): Der PageRank der Seite A
- PR(Ti): ist der PageRank der Seite Ti, abhängig von Anzahl der Backlinks (eingehende Links) und deren PageRanks; i = [1;n]
- C(Ti): Anzahl aller von der Seite Ti ausgehenden Links
- d: Dämpfungsfaktor [0;1]

Bei der Interpretation der Formel wird deutlich, dass die Vererbung des PageRanks durch den Quotienten $C(T_i)$ gemildert wird. Zwischen der Anzahl der eingehenden Links und des Page-Rank-Werts besteht ein positiver Zusammenhang: Mit steigender Anzahl der Backlinks, wird ein höherer PageRank vererbt, da die Formel je Backlink um den Faktor $d(PR(T_i)/C(T_i)$ erweitert wird. Dahingegen vererben Seiten mit steigender Anzahl der ausgehenden Links einen geringeren Wert. Hat eine Webseite keine eingehenden Links, so verändert sich der Wert durch Iteration nicht (Erlhofer 2013, S. 274 ff.). „Links, die auf Dokumente verweisen, die selbst keine ausgehenden Links besitzen", nennt man „Dangling Links" (Koch 2007, S. 57).

Weil ein Random Surfer von einer Webseite nicht zwangsweise über einen Link auf eine weitere Seite wechselt, sondern auch eigenständig nicht-verlinkte Seiten aufrufen kann, „wird die Wahrscheinlichkeit, mit der ein Surfer ein neues Dokument aufruft, um einen bestimmten Faktor gedämpft" (Koch 2007, S. 54). Der Dämpfungsfaktor wird in der Praxis oft auf 0,85 gesetzt (Page/Brin 1998a). Dieser Faktor ist auch für die Vererbung eines geringeren, also „gedämpften", PageRanks an weitere Seiten verantwortlich. Je höher der Wert, „desto wahrscheinlicher ist es, dass der Zufallssurfer [die Links des Dokuments] verfolgt". Der Faktor (1-d) ist dazu die Gegenwahrscheinlichkeit, also dass der Random Surfer zufällig die Webseite verlässt und eine davon unabhängige andere aufruft (Koch 2007, S. 275).

Das Netzwerk von Webseiten im Internet kann mittels Graphentheorie dargestellt werden. Ein Graph besteht aus einer endlichen Anzahl von Knoten (Webseiten) und Kanten (Links) (Blum 2013, S. 47).

Beispiel:

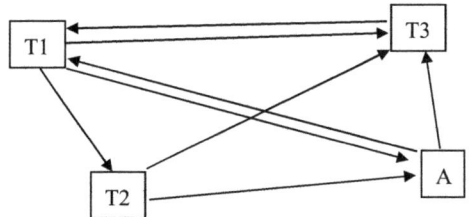

Abbildung 3: Darstellung eines in sich geschlossenen Netzwerkes mit Verlinkungen

$$PR(A) = (1-d) + d\left(\frac{PR(T_1)}{C(T_1)} + \frac{PR(T_2)}{C(T_2)}\right)$$

mit: $d=0,85$ und Initialwerten $PR(T_1)= 1/4$
$PR(A) = 0,15 + 0,85\times(0,25/3+0,25/2)$
$PR(A) = 0,33$

Für das Netzwerk in Abbildung 3 gilt: Der PageRank der Seiten T_1, T_2 und T_3 wird anfangs auf den fiktiven Wert 0,25 gesetzt. Der PageRank der Seite A ist abhängig von den eingehenden Links und deren PageRank-Werte, in diesem Beispiel also nur von T_1 und T_2. Die Quotienten $C(T_1)$ und $C(T_2)$ geben an, wie viele Links von der Seite T_1, bzw. T_2, ausgehen, d.h. auf wie viele Seiten der $PR(T_1)$, bzw. $PR(T_2)$ aufgeteilt wird. Diese Berechnung führt man nun mit T_1, T_2 und T_3 im gleichen Stil, unter der Verwendung der Initialwerte, durch. Für T_3 würde sich dementsprechend ergeben:

$$PR(T_3) = 0,15+0,85\left(\frac{PR(A)}{C(A)}\right) = \left(\frac{0,25}{2}\right)$$

Für die weitere iterative Berechnung werden die Ergebniswerte der vorherigen Iteration wieder in die ursprüngliche Formel eingesetzt. Die Berechnung innerhalb einer Iteration ist unabhängig von deren Ergebnissen. Daraus resultieren für die bisherigen Rechenschritte und die zweite Iteration folgende Werte:

Iteration	$PR(T_1)$	$PR(T_2)$	$PR(T_3)$	$PR(A)$
0	1/4	1/4	1/4	1/4
1	0,47	0,22	0,58	0,33
2	0,78	0,28	0,52	0,38
...	...	...	...	...

Tabelle 1: Iterative Berechnung der PR-Werte für alle Webseiten

Nach mehreren Iterationen konvergiert der Wert jeder Webseite, sodass er sich nicht mehr verändert. Dies ist dann der endgültige PageRank-Wert. Für Googles Index seien bis zu 100 Iterationen notwendig (Koch 2007, S. 53).

„PageRank or PR(A) can be calculated using a simple iterative algorithm, and corresponds to the principal eigenvector of the normalized link matrix of the web" (Page/Brin 1998a). „Using matrices [im Originaltext kursiv], we replace the tedious $\sum$ Symbol, and at each iteration, compute a PageRank vector, which uses a single 1xn vector [im Originaltext kursiv] to hold the PageRank values for all pages in the index" (Langville/Meyer 2012).

Wie diese normalisierte Hyperlink-Matrix zustande kommt, kann auf Basis von Abbildung 1 wie folgt erklärt werden:

1) Man betrachtet die Webseiten und ihre ausgehenden Links.
   Die Wichtigkeit von einer Seite i wird auf j ausgehende Links aufgeteilt. Der also nur 1/j des PageRank-Werts wird vererbt. Das bedeutet bei der Betrachtung von der Seite T_3, dass T_1, T_2 und A jeweils nur 1/3 des PageRank-Werts übertragen bekommen.

Seite i	Anzahl der ausgehenden Links j	Vererbungsfaktor des PageRank-Werts 1/j
T_1	3	1/3
T_2	2	1/2
T_3	1	1/1
A	2	1/2

Tabelle 2: Anzahl der ausgehenden Links j in Abhängigkeit von der Seite i, Berechnung des Vererbungsfaktors

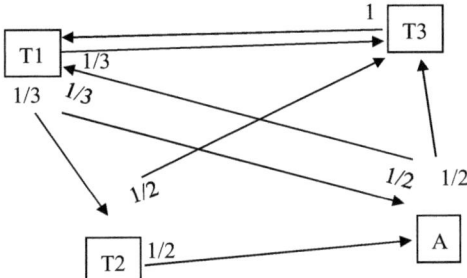

Abbildung 4: Darstellung eines in sich geschlossenen Netzwerkes mit Verlinkungen

und Vererbungsfaktoren

2) Daraus ergibt sich eine n x n-Adjacence-Matrix A – in der Beispielrechnung eine 4x4-
Matrix –, in der mit binären Zahlen deutlich wird, welche Seite auf welche verlinkt.
Das heißt, das Matrixelement wird auf 1 gesetzt, wenn eine Verlinkung besteht, und
auf 0, wenn keine Verlinkung besteht. Die Matrix A wird folgendermaßen zur normalisierten Hyperlink-Matrix H transformiert: Jedes Element einer Spalte wird durch die
Summe der Einsen in dieser Spalte geteilt. Dies entspricht der Verteilung der Wahr-
scheinlichkeiten, auf einen Link zu klicken

$$H = \begin{array}{c} \\ T1 \\ T2 \\ T3 \\ A \end{array} \begin{array}{cccc} T1 & T2 & T3 & A \\ \left(\begin{array}{cccc} 0 & 0 & 1 & 1/2 \\ 1/3 & 0 & 0 & 0 \\ 1/3 & 1/2 & 0 & 1/2 \\ 1/3 & 1/2 & 0 & 0 \end{array} \right) \end{array}$$

Die Matrix ist wie folgt zu lesen: Der Random Surfer gelangt mit einer Wahrscheinlichkeit von 50% von der Seite T_2 zu der Seite T_3, mit einer Wahrscheinlichkeit von
etwa 33% von T_1 zu T_2, T_3 oder A.

Die Summe der stochastischen Werte einer Spalte muss 1, also eine Wahrscheinlichkeit von 100% ergeben. Enthält die Spalte einer Webseite i nur Nullen und die „i-te
[Zeile] bis auf den i-ten Eintrag keine Nullen", ist die Seite ein Knoten ohne Ausgang.
In der Graphentheorie spricht man von einer „Senke" (Turau 2009, S. 358). In der
Thematik hier bedeutet eine Senke, dass der Random Surfer von der Seite A auf keine
weiteren Links klicken kann. Folglich endet sein Prozess und er wendet sich einer anderen Seite zu. Um dem entgegen zu wirken, kann man künstlich Prozessschleifen er-
zeugen, indem man einen ausgehenden Link setzt: bekannteste Beispiele sind „Back"
oder „Home".

3) Um von der normalisierten Hyperlink-Matrix zu dem PageRank-Vektor zu gelangen, werden die Elementwerte des PageRank-Vektors v = (T$_1$, T$_2$, T$_3$, A)^T auf 1 initialisiert und durch Teilen jedes Elements durch die Anzahl der Knoten normiert, v = (1/4, 1/4, 1/4, 1/4)^T. Das entspricht den Initialwerten der Formelberechnung. Durch mehrmalige Iteration wird dieser dann zum endgültigen PageRank modifiziert. Innerhalb eines Iterationsschritts wird die Matrix H mit dem aktuellen PageRank-Vektor v multipliziert (H*v) und v durch dieses Ergebnis ersetzt. Die Werte von v entsprechen der Tabelle 1. Aufgrund der Konvergenz wird das Endergebnis durch die Wahl des Startwerts nicht bedeutend beeinträchtigt. Lediglich die Anzahl an notwendigen Iterationen wird dadurch beeinflusst. Sobald sich der Vektor nicht mehr ändert, endet die Iteration. Zu diesem Zeitpunkt entspricht der Vektor dem Eigenvektor der Matrix H.

Beispielrechnung: $H\vec{v} = (0.38, 0.12, 0.29, 0.21)^T$

0.21 entspricht hier dem Ergebnis aus der Formel für PR(A), wobei in PR(A) der Dämpfungsfaktor bereits berücksichtigt wurde, in der Matrix noch nicht. Würde man in der Formelberechnung die Dämpfung nicht berücksichtigen (Dämpfungsfaktor d=1), würde man hier das gleiche Ergebnis erhalten.

Nun folgt die iterative Berechnung $H^2\vec{v} = H(H\vec{v})$, $H^3\vec{v}$, $H^k\vec{v}$ ... so lange, bis die Werte konvergieren. In der Beispielrechnung ist dies ab H^{8}v der Fall (H7v = H8v). Damit $H^8\vec{v} = (0.38, 0.12, 0.29, 0.19)^T$ ist der sogenannte PageRank-Vektor v* des Beispielgraphen. Die Elemente $\vec{v}*$ von = (T$_1$, T$_2$, T$_3$, A)^T geben jeweils den PageRank-Wert für die zugehörige Seite an. Also ist der endgültige PageRank der Webseite A 0,19.

Google nutzt in dem aktuellen Algorithmus neben dem Dämpfungsfaktor zahlreiche Faktoren, um das spontane Verhalten des Surfers zu berücksichtigen, aber auch um gewisse Seiten „bestrafen" zu können – manuell oder automatisch. Gründe für eine Bestrafung können politischer Natur sein, aber auch die betrügerische Webseiten-Optimierung (Erlhofer 2013; Tanase/Radu 01.03.2015; Page/Brin 1998b).

Der PageRank aller indizierten Internetpräsenzen verändert sich monatlich nach einem Update (Tanase/Radu 01.03.2015): Google Dance. Dabei werden neben dem Google-Index auch sämtliche Datenbanken und ausgewählte Algorithmen, u.a. der PageRank-Algorithmus, aktualisiert. Da der Umfang und die Zeitabstände der Updates mit der Zeit abgenommen haben, sind auch Google Dance und der PageRank nicht mehr derart wichtig. 2003 führte Google das sogenannte „Florida Update" durch, welches den PageRank-Algorithmus um einen weiteren Faktor erweitert hat, um das ausgesprochen sensible und für Betrug anfällige Verfahren der Link-Vererbung zu verbessern: Das Hilltop-Prinzip. Dabei werden ausgewählte Webseiten als „Expertenseiten" gekennzeichnet, welche als Verlinkung einen stärkeren Vererbungsfaktor haben als normale. Mittlerweile fließt das Hilltop-Prinzip genauso in das Ranking der Webseiten ein wie der PageRank (Erlhofer 2013, S. 283 f.). Neben diesen beiden Faktoren sind mittlerweile über 200 Faktoren für das Ranking der indizierten Seiten ausschlaggebend (o.V.

o.J.c). Darunter auch der Jahreszeiten-Filter, der die Bedeutung der Suchanfrage abhängig von der Jahreszeit interpretiert (Reischl 2008, S. 41). Im Allgemeinen unterteilen sie sich nach Koch, 2007 in „anfrageabhängige" und „anfrageunabhängige Faktoren" (o.V. o.J.c; Koch 2007):

Anfrageabhängige Faktoren:

- Sprache, Übersetzung
- „Nutzerbezogene Ergebnisse": Durch User-Tracking (Standort, Webprotokoll, …)
- Hervorhebung von Begriffen durch HTML-Tags
- Reihenfolge der Suchbegriffe innerhalb der Suchanfrage
  [...]

Anfrageunabhängige Faktoren:

- Linkpopularität
- „Website- und Seitenqualität" (inkl. PageRank)
- Aktualität
- Klickpopularität
  [...]

Google gewährt Webseiten, die erstmalig online gestellt werden und somit noch nicht von der Link-Popularität profitieren können, einen „Fresh-Content-Bonus" (Hübener 2009, S. 12; Koch 2007, S. 171). Die Klick-Popularität ist dagegen kein maßgebliches Kriterium mehr für das Ranking, da sie durch Robots im Web, die automatisch Internetpräsenzen „anklicken", zu stark beeinflussbar ist (Hübener 2009 S. 13).

3.3 Weitere Services und Produkte

Wie bereits erwähnt, soll die Suchmaschine Google ihren Nutzern kostenlos Wissen zur Verfügung stellen. Und auch viele weitere Dienste können kostenlos genutzt werden. Da sich das Geschäftsmodell trotzdem finanzieren muss, sind weitere Services, wie zum Beispiel für Werbende kostenpflichtige Anzeigen, notwendig (Hübener 2009, S. 15). Den überwiegenden Teil der Umsätze machen die Werbeeinnahmen aus. Diese setzen sich aus der B2B-Produktgruppe „Earn" zusammen. YouTube, Google +, der Browser Google Chrome, und viele Services mehr sind kostenlose bzw. kostengünstige Dienste, die das alltägliche Leben unterstützen sollen. Sie gehören zu „Entice & Defend"-Services, wörtlich übersetzt „Abwerben & Verteidigen". Nach eigener Einschätzung begründet sich die Namensgebung darauf, dass Nutzer von Wettbewerbern abgeworben und eigene Nutzer verteidigt werden sollen. Die Kenntnisse aus der Nutzeranalyse dienen als Grundlage für die Earn-Services. Die dritte Produktgruppe „Expand the pie" enthält Dienste, mit denen die Nutzer noch mehr Zeit mit Google Produkten verbringen. Damit kann Google Inc. noch mehr Informationen über seine Nutzer und ihr Verhalten sammeln, welche wiederum in die Earn-Produkte einfließen. Die letzte Gruppe greift den Innovations- und Entwicklungsdrang von Google auf. Hier wird auf verschiedenen Themengebieten geforscht und entwickelt, um der Menschheit einen einzigartigen Mehrwert bieten zu können. Larry Page schrieb zu Googles Produktstrategie im Jahresbericht 2014: „We know we've found the right answers when they pass what we call the ‚toothbrush test', whether this product will be used by hundreds of millions of people everyday, hopefully twice a day." (Page 2014) Einmal im Jahr wird die Google I/O veranstaltet, eine Konferenz für Entwickler und Produkt-Interessenten (o.V. 22.10.2015).

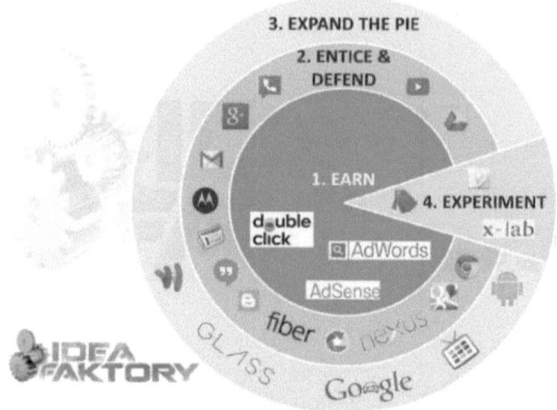

Abbildung 5: The 4E's of Google's Strategy Faktor, 2013

15

Gründe, warum Google in seiner Vielfalt so gerne von jeder Alters- und Geschlechtsgruppe genutzt wird, sind die Praktikabilität der Rundum-Services, die es in vielen verschiedenen Sprachen gibt, einfach zu bedienen und zu individualisieren sind, und der Vorteil, dass viele Google Services miteinander praktisch verknüpfbar sind. Im Folgenden wird eine Auswahl der Google Produkte aufgeführt und ihre Aufgabe, bzw. ihr Nutzen erklärt.

Kategorisiert nach Webanwendungen:

Google AdSense

Während Google AdWords zur Platzierung eigener Anzeigen auf Google-Seiten verwendet wird, ist Google AdSense ein Service zur Platzierung von Google-Anzeigen auf einer eigenen Webseite. Das bedeutet, ein Webseitenbetreiber permittiert Google über sein AdSense-Konto Anzeigen auf der eigenen Seite zu integrieren. Die Auswahl der integrierten Anzeigen erfolgt nach Inhalt. Einen Monat nach Etablierung auf dem Markt, wird im April 2003 die Firma „Applied Semantics" von Google aufgekauft und Google AdSense mit deren Entwicklungen verbessert. Seit 2007 wird der Dienst auch für mobile Webseiten angeboten (o.V. 22.10.2015). Der Webseitenbetreiber wird nach Klicks der Google-Anzeige bezahlt (Koch 2007 S. 279).

Google AdWords

Seit Oktober 2000 auf dem Markt, können Unternehmer mit dieser Webanwendung „vierzeilige Text-Anzeigen, die aus einer Titelzeile, zwei beschreibbaren Zeilen und der Webadresse bestehen", aufgeben und über den Marktführer Google distribuieren (Reischl 2008, S. 105). Diese Anzeigen sind allerdings nicht nur auf der Google Trefferseite sichtbar, sie werden auch über AOL, Freenet.de und T-Online verbreitet. Zum Beispiel erhalten Verlage durch die Seiten Google News und andere Dienste, monatlich etwa sechs Milliarden Klicks (o.V. 22.10.2015). Indem die Zielgruppe nach Lokalität eingegrenzt wird, ermöglicht Google eine einfache, zielgerechte und maßgeschneiderte Werbung. Der Unternehmer erstellt seine Anzeige und wählt Schlüsselwörter aus, über deren Suche die Nutzer seine Werbung angezeigt bekommen. Es wird ein Tagesbudget definiert, um maximal mögliche Ausgaben nicht zu überschreiten. Die Bezahlung wurde über die Cost-Per-Mille-Methode abgerechnet. Dabei zahlt der Werbende nur, wenn seine Werbung 1000 Nutzern angezeigt wurde (Alby/Karzauninkat 2007; Holl 2013). Erst seit 2002 zählt Google AdWords zu den Pay-Per-Click-Programmen. Auch den „Cost per Click" kann der Unternehmer selbst festlegen. Der „Cost per Click" (CPC) ist die maximale Geldsumme, die er pro Klick zahlen würde. Diese Bezahlmethode erinnert an eine Second-Price-Auktion. Dabei muss der Unternehmer, der das höchste Gebot abgegeben hat, den Preis des zweithöchsten Gebots bezahlen. Die Position der Anzeige ergibt sich aus der Multiplikation des CPC und dem Qualitätsfaktor. Über das Google AdWords-Konto können Kontrolle, Optimierungsmaßnahmen und die Verwaltung vorgenommen werden (Koch 2007; o.V. o.J.a; o.V. 22.10.2015; o.V. 22.10.2015; o.V. 22.10.2015; o.V. 22.10.2015; o.V. 22.10.2015; o.V. 22.10.2015). Weitere Abzweigungen sind beispielsweise Google AdWords Targeting und Google AdWords Geo-Targeting. Bei AdWords Targeting kann der Unternehmer die Reichweite seiner Werbung sogar von Sprachgruppen über Regionen und Städten bis hin zu genauen Breitengraden definieren. Unter der Verwendung von AdWords Geo-Targeting kann ein Unternehmer auf der Google Maps-Landkarte einen Punkt und einen gewünschten Radius festlegen, um die Zielgruppe seiner Werbung zu definieren. Die Umsetzung wird durch die IP-Adresse ermöglicht, anhand derer die Nutzer lokalisiert werden können (Reischl 2008, S. 106).

Google Analytics

2005 kauft Google die Firma Uchin auf, deren Produkte als Grundlage für Google Analytics gelten (o.V. 22.10.2015). Heute führt Google Analytics die Webanalyse mit einem Marktanteil von 83% an (o.V. o.J.d). Dieses Tool liefert eine Analyse über das Besucherverhalten auf einer Webseite und dient zur Optimierung von Online-Marketing-Strategien. Unter anderem werden in definierten Zeitintervallen die Anzahl der Besucher nach deren Herkunft, ihr Verhalten auf der Webseite wie auch der Marketingerfolg analysiert. Wie viele andere Dienste auch, kann man Google Analytics mit Google-Produkten, beispielsweise mit Google AdWords und AdSense verbinden (Tusche 2015, S. 9 ff.).

Google News (Informationsangebot)

Googles Nachrichtendienst zeigt aktuelle Nachrichten und Schlagzeilen, die in kurzen Abständen immer wieder aktualisiert werden. Durch einen Algorithmus werden verschiedene Quellen durchsucht und ausgewählte Nachrichtenmeldungen gesammelt (Weinand 2014, S. 248). 2002 begann der Nachrichtendienst mit 4000 Nachrichtenquellen, mittlerweile werden mehr   als 50 000 von dem Algorithmus durchsucht (o.V. 22.10.2015). Die Zusammenstellung der Nachrichten kann der Nutzer individuell gestalten und sich sogar per Email über gewissen Themen informieren lassen, ohne selbst aktiv danach suchen zu müssen (Kiefer 2010). Seit 2006 fließen entsprechende Nachrichten von Google News auch in den Service Google Finanzen ein (o.V. 22.10.2015).

YouTube (Datenorganisation)

Die Gründer Steve Chen und Jawes Karim hätten sich den Erfolg ihrer Videoplattform „Chad Hurley" nicht vorstellen können. Den Gründern war es unmöglich, mit ihrem Produkt Einnahmen zu generieren. Mit steigenden Betriebskosten war der Abstieg des Unternehmens absehbar. Im Oktober 2006 kauft Google das Portal bereits unter dem Namen „YouTube", welches immer weiterwächst und an Bedeutung gewinnt. Der Marktanteil von YouTube lag 2015 in Deutschland bei 52%, gefolgt von MyVideo mit 10% (Statista 2015d). Weit mehr als 700 „BrandedChannels" sind auf dem beliebtesten Videoportal aktiv, mit 170 Millionen Besuchern allein aus den USA (Statista 2016a). Die Nutzer schätzen die einfache Handhabung: mit nur wenigen Klicks ist die Lieblingsplaylist zusammengestellt und veröffentlicht, Videos bewertet und kommentiert. Für witzige Homevideos, Musikvideos, Serien und Filme, bis hin zu Wahlkampfpropaganda und Dokumentationen bietet YouTube eine vielfältige Plattform. Selbst die katholische Kirche nutzt diese, um eigene Videos aus dem Vatikan zu streamen (YouTube o.J.). Auch AdSense ist mittlerweile in YouTube integriert. Anzeigen, die am Rand des Videos erscheinen oder kurze Werbefilme, bevor das Video startet, sind unter den Nutzern bekannt.

Nach Software kategorisiert:

Android - Betriebssystem (Software)

Mit der Übernahme des Start-Up-Unternehmens Android 2005 wurde die Entwicklung des Android-Betriebssystems möglich. Damit tritt Google in einen der profitabelsten Märkte ein, die Telekommunikation. Mit der Gründung der „Open Handset Alliance", die unter anderem Technologieunternehmen wie Samsung oder T-Mobile, Software-Entwickler und Chip-Produzenten umfasst, integrierte Google sein Betriebssystem Android in den mobilen Markt (Reischl 2008, S. 119 ff.). Bereits 2012 machte Android 60% des Marktanteils in Deutschland aus, der Konkurrent iOS von Apple dagegen nur 23%.

Nach Hardware kategorisiert:

Google Glass (Hardware)

„Die Datenbrille ist ein mit Peripheriegeräten ergänzter Kleinstrechner, der am Kopf getragen und mit Augen und Händen sowie der Stimme gesteuert bzw. bedient wird. Dinge, Pflanzen, Tiere und Menschen respektive Situationen und Prozesse werden registriert, analysiert und mit virtuellen Informationen angereichert", beschreibt Oliver Bendel die Entwicklung von Google (Bendel 2014). Die virtuellen Informationen werden direkt in das Blickfeld des Nutzers eingeblendet. Man kann einen Text „in Echtzeit in die gewünschte Sprache übersetzen lassen. Dabei liegt die Übersetzung [...] über dem Original, sodass der Träger live nur die gewünschte Sprache sieht" (o.V. o.J.b). Google Maps navigiert den Nutzer aus der Ich-Perspektive. Die Datenbrille ermöglicht nicht nur viele praktische Funktionen für das Alltagsleben, sie dient auch als Grundlage für das Berufsleben. Beispielsweise wurde Google Glass im Werk Neckarsulm der Audi AG in der Produktion zur Durchführung der Endkontrolle des A8-Modells eingeführt. Nach drei Jahren auf dem Markt wurde der Verkauf ab 19.01.2015 eingestellt, ebenso das damit verbundene Entwicklungsprojekt von Google [X]. Gründe dafür waren unter anderem das Design, welches von den Kunden nicht wie erwünscht angenommen wurde, der stolze Preis von 1500 USD, sowie das Misstrauen bezüglich Datenschutz und Privatsphäre. Die Weiterentwicklung von Google Glass obliegt nun Tony Fadell, bekannt von der Entwicklung des iPods und iPhones, und seiner Abteilung. Spekulationen gehen davon aus, dass die neue Version der Datenbrille in Richtung Business-Wearable gehen soll und beispielsweise Anwendung in Logistik-Bereichen finden könnte (Wendt 2015; Hecking 2015; Schuldt et al. 2015).

Google Home (Hardware)

Das neueste Produkt wurde am 18.05.2016 auf der I/O-Konferenz präsentiert. Google Home ist ein vernetzter Lautsprecher mit Sprachassistent. Es ist mit anderen Smart-Home-Produkten wie denen der Alphabet-Tochter Nest, kompatibel und hat die Suchfunktion integriert. Niels Held bezeichnet Google Home als „sprachgesteuerte Fernbedienung für die reale Welt" (Held 2016). Je mehr Zeit der Nutzer im „Dialog" mit Google Home verbringt und es regelmäßig nutzt, desto besser kann es die Gewohnheiten des Nutzers analysieren und sich nützlich in dessen Alltag einbringen. Das Abspielen einer bestimmten Playlist, die Ansage des Wetters, das Stellen eines Weckers und vieles mehr bedürfen nur noch einem Satz. Einem Satz, der mit „Okay, Google" anfängt (o.V. 2016).

4   Googles Strategie

So wie das WWW wächst, wächst ebenso die Anzahl der Internetnutzer wie auch die Häufigkeit der Nutzung. Mittlerweile lassen sich unzählige Informationen darüber sammeln, welche Seiten sie aufrufen, zu welcher Jahres-, Tages- und Uhrzeit und wie sie sich auf der jeweiligen Seite bewegen. Je mehr man über den Nutzer weiß, desto gezielter lassen sich Werbung und Informationen maßschneidern, um den Nutzer zu aktivieren. Google hat sich mit seinem gigantischen Netzwerk und überdurchschnittlich hohen Kundenanzahl wohl zum bedeutendsten Betreiber von Data Mining im Web entwickelt. Man darf nicht vergessen, dass Mitbegründer Sergey Brin Experte in diesem Themenbereich ist. Das aktuelle Geschäftsmodell liegt dem Netzwerk, den Nutzern und ihrem Verhalten sowie der Auswertung der gesammelten Daten zugrunde. Doch das aktuelle muss nicht zwingend das zukünftige Geschäftsmodell bleiben. Google vereint die Professionalität eines Weltkonzerns mit der Kreativität und dem Innovationsgeist eines Start-Up-Unternehmens. Die Innovation und die Qualität des Personals sind mit die höchsten Güter Googles und damit Entscheidend für die Zukunft. Lawrence Page, Sergey Brin und die Managementebene bieten den Mitarbeiten jede Woche bei dem sogenannten „Thank God it's Friday"-Treffen eine offene Konversation. Generell liegt dem Mitarbeiterverhältnis Offenheit und Vertrauen zugrunde. Um den Innovationsgeist zu fördern, gewährte Google seinen Mitarbeitern 20% der Arbeitszeit, die sie für eigene Ideen frei zur Verfügung haben. Der Return of Investment wirkte sich wie folgt aus: Etwa die Hälfte der Produkte sind in dieser freien Zeit entwickelt worden (Morrow 2009). Das Firmengelände in Mountain View wird auch „technology playground" genannt. Den Mitarbeitern stehen hier kostenlos Essen, Getränke, Bügel- und Wäsche-Services und vieles mehr zur Verfügung, also ein Rundum-Versorgungspaket, damit die äußeren Einflüsse und Verpflichtungen die Kreativität nicht beeinträchtigen (Reischl 2008, S. 11 ff.). Experimentieren und Ausprobieren steht bei Google hoch im Kurs. Die Produkte werden teilweise veröffentlicht, bevor sie vollständig getestet und ausgereift sind, um sie gemeinsam mit den Kunden weiterentwickeln zu können. Für die Entwicklung zukunftsweisender Technologien sind Google X Lab und Google Research Lab verantwortlich. Unter anderem forscht man hier an der Idee des führerlosen Fahrens, dem Google Auto „Stanley" und bis vor kurzem noch an Google Glasses. Mit der Umstrukturierung 2015 werden Alphabet Inc. unter Page und Brin zur Holding und Google X (Forschung), Nest (Smart-Home-Produkte), Fiber (Glasfaser-Projekt), Calico (Biotechnologie), Google Ventures, Google Capital (Investment) und selbst das Kerngeschäft Google Inc. zu Tochterunternehmen. Durch diese Aufteilung soll die Flexibilität und Profitabilität verbessert werden (Sauer 2015). Google Inc. spaltet sich auf in die Produkte Android, Search, Apps, YouTube, Maps und Ads. Mit der Übernahme von kleineren Start-Ups und größeren Unternehmen, erkauft sich Google immer mehr innovative Ideen, bzw. Produkte, und Know-How, welche dann von Googles Mitarbeitern weiterentwickelt und verwirklicht werden. Die teuersten Zukäufe Googles waren seit 2006 die von YouTube (1,6 Mio. USD), DoubleClick (3,1 Mio. USD), Nest (3,2 Mio. USD) und Motorola Mobility (12,5 Mio. USD) (Statista 2014b). Durch Investitionen wie diese hat sich Google zum einen beispielsweise mit DoubleClick, den weltweiten Marktführer im AdServer-Bereich, eine monopolartige Stellung im Kerngeschäft geschaffen, zum anderen erweitert Google mit anderen Zukäufen das Standbein aus dem bisherigen Kerngeschäft um branchenfremde Produkte und Projekte. Gestern noch Suchmaschinengeschäft, reicht Googles Portfolio heute von Data Mining und Werbung bis hin zu Altersforschung und Driverless Cars. Google ist zu unberechenbar, als dass man erahnen könnte, welche Ideen umgesetzt werden.

5   Diskussion

Google Inc. hat trotz seiner Vormachtstellung und seinem Bekanntheitsgrad mit unterschiedlichen Herausforderungen zu rechnen und zu kämpfen. Diese sollen in diesem Kapitel diskutiert werden. Der Markt unterliegt einem ständigen Wandel, so können sich die dortigen Verhältnisse wie auch die Bedürfnisse der Kunden und deren Verhalten schnell ändern. Auf das aktuelle Geschäftsmodell könnten einerseits Bedrohungen durch bereits bestehende und neue Konkurrenten aus dem eigenen Marktsegment oder durch Substitutionsprodukte zukommen, andererseits durch die Vertragspartner und Kunden.

Da derzeit lediglich Bing und Yahoo!, deren Marktanteile knapp über 6% liegen, relevante Konkurrenten unter den Suchmaschinen sind, geht hier wohl keine maßgebliche Bedrohung aus (Statista 2016g). Das gilt ebenso für die Konkurrenten, die neu in diesen Wettbewerbsmarkt eintreten. Ihnen fehlt das Know-How, das breite Netzwerk und der Bekanntheitsgrad. Zudem ist ein hohes Kapital notwendig, um den Markt erschließen zu können. Nur Facebook und Apple hätten eine entsprechende Infrastruktur an Servern und Netzwerken sowie das nötige Kapital dafür. Aus der Abhängigkeit des Suchmaschinen-Betreibers von Kooperationen mit unterschiedlichen Vertragspartnern könnte eine Bedrohung hervorgehen. Eine besondere Rolle spielen hier die Internet-Browser, auf denen die Suchmaschine vertreten sein soll. Diese liegen zu Googles Nachteil in der Hand von Apple und Microsoft. Das Unternehmen Mozilla erhält von Google Inc. Provisionszahlungen dafür, dass Google als „Standard-Suchmaschine im Browser eingerichtet" ist (Kahle 2013). Um von den Wettbewerbern unabhängiger zu werden, brachte Google seinen eigenen Browser „Google Chrome" auf den Markt. Wer hier allerdings von wem abhängig ist, wird sich in Zukunft zeigen.

Für die Suchmaschine gibt es noch kein optimiertes Produkt, welches Google substituieren könnte. Allerdings entwickelt sich der Trend dazu, dass Nutzer die Community nach Rat und Erfahrungen fragen. Daher wären soziale Netzwerke eine ernstzunehmende Bedrohung. Auch das gezielte Marketing wäre dort durch den Zusammenschluss unterschiedlicher Interessensgruppen möglich und lukrativ. Zwei Zielgruppen sind Googles Kunden: Einerseits die Unternehmer, die ihre Werbung verbreiten möchten, andererseits die Suchmaschinen-Nutzer als Endkunden, die wiederum die Zielgruppe für die Werbenden sind. Jedes Unternehmen ist abhängig von seinen Kunden. Könnte Google den Bedürfnissen seiner Kunden nicht mehr gerecht werden, beispielsweise der Erwartung, Google-Dienste kostenlos nutzen zu können, würden die Kunden den Anbieter zügig wechseln. Dies hätte auch drastische Auswirkungen auf die Werbeeinnahmen. Die Werbetreibenden investieren nur in Google, wenn sie eine größere Zielgruppe bedienen können als über andere Netzwerke. Neben diesen Gesichtspunkten ist Google natürlich auch sehr stark in der Datenschutzproblematik involviert. Durch die kommerzielle Verwendung der Nutzer-Daten sind Datenschützer gegen Google sehr aktiv. Google möchte wohl aber nicht durch den Menschen als Bürger hindurchsehen können, sondern als Kunden. Durch das Auswerten der Daten sollen ihre Produkte verbessert werden. Besonders durch Produkte wie Google Glasses, Google Home und Google Mail, durch die die Gewohnheiten des Nutzers kenntlich werden und auch die Personifizierung an der Nutzer-Anonymität zweifeln lässt, setzt Google sehr viel Vertrauen von den Kunden voraus. Doch was veranlasst dann die Nutzer, ihre Daten freiwillig preiszugeben? Zum einen macht sicher die kostenlose Nutzung der umfangreichen Services einen großen Teil der Entscheidung aus, zum anderen der unvergleichbar hohe Nutzen dieser Dienste. Präventives Handeln, um Missbrauch zu verhindern, ist bei einer solch großen Datenmenge kaum möglich. Das heißt, die Inhalte bleiben im Web, bis jemand aktiv Missbrauch anmeldet (Reppesgaard 2010, S. 188). Dies hat Google ethisch zu verantworten. Dennoch wird von den Kunden wohl der Nutzen höher geschätzt als die Sicherheit ihrer persönlichen Daten. Abzuwarten ist, wann sich diese Einstellung ändert und welche Auswirkung diese Entwicklung auf das Unternehmen Google Inc. und seine Dienste haben wird.

6   Limitationen

Diese Arbeit soll dem Leser lediglich einen Überblick über die finanzielle und wirtschaftliche Entwicklung des Internet-Unternehmens Google, seine Dienste und Strategie geben. Nicht aber sollen diese kritisch gewürdigt oder tiefgreifend mit ihren Konkurrenten verglichen werden. Ebenso ist es nicht Ziel der Arbeit, näher auf die Suchmaschinen- und Webseiten-Optimierung einzugehen. Die Funktionsweise der Suchmaschine und der PageRank-Algorithmus werden umfangreich und dennoch verkürzt erklärt, da der Fokus der Arbeit auf die Entwicklung von Google gelegt wurde, nicht auf die Entwicklung des PageRanks. Weiterhin werden ethische und rechtliche Aspekte nicht betrachtet.

Literaturverzeichnis

Alby, T.; Karzauninkat, S. (2007): Suchmaschinenoptimierung – Professionelles Website-Marketing für besseres Ranking ; [berücksichtigt Google Analytics], [Elektronische Ressource], 2., aktualisierte Aufl., München.

Bartel, J.; Buschbacher, F.; Falkenberg, G.; Feulner, J. (2014): Big-Data-Technologien – Wissen für Entscheider, https://www.bitkom.org/Publikationen/2014/Leitfaden/Big-Data-Technologien-Wissen-fuer-Entscheider/140228-Big-Data-Technologien-Wissen-fuer-Entscheider.pdf (Zugriff: 20.05.2016).

Bendel, O. (2014): Die Datenbrille aus Sicht der Informationsethik - Springer, http://link.springer.com/article/10.1007/s00287-014-0836-y (Zugriff: 21.05.2016).

Blum, N. (2013): Algorithmen und Datenstrukturen, 2., überarb. Aufl., München.

Briegleb, V. (2009): Google enttäuscht nicht, http://www.heise.de/newsticker/meldung/Google-enttaeuscht-nicht-5826.html (Zugriff: 25.05.2016).

Dickey, M. R. (15.03.2013): Inside The Early Acquisition That Helped Make Google A $200 Billion Company, http://www.businessinsider.com/google-applied-semantics-acquisition-2013-3?IR=T (Zugriff: 19.05.2016).

Erlhofer, S. (2013): Suchmaschinen-Optimierung – Das umfassende Handbuch; [Panda & Co. verstehen ; Grundlagen, Funktionsweisen und strategische Planung ; Onpage- und Offpage-Optimierung für Google und Co. ; Erfolgsmessung, Web Analytics und Controlling ; das Standardwerk: vollständig überarbeitet], 6., aktualisierte und erw. Aufl., Bonn.

Hecking, M. (2015): Google Glass kommt zurück - manager magazin, http://www.manager-magazin.de/unternehmen/it/google-glass-kommt-zurueck-a-1030897.html (Zugriff: 21.05.2016).

Held, N. (2016): Das ist die Zukunft: Google Home bringt den Star Trek Computer zu uns, http://www.chip.de/news/Das-ist-die-Zukunft-Google-Home-bringt-den-Star-Trek-Computer-zu-uns_93996746.html (Zugriff: 21.05.2016).

Holl, F. (2013): IT-Blog: Was ist der Unterschied zwischen CPC und CPM, https://software-design.de/it-blog/show/was-ist-der-unterschied-zwischen-cpc-und-cpm (Zugriff: 19.05.2016).

Hübener, M. (2009): Suchmaschinenoptimierung kompakt – Anwendungsorientierte Techniken für die Praxis, Berlin, Heidelberg.

Kahle, C. (2013): Mozillas Abhängigkeit von Google nimmt weiter zu, http://winfuture.de/news,78970.html (Zugriff: 23.05.2016).

Kiefer, P. (2010): Die ultimative Google Bibel – [Websuche, Earth & Maps, Mobile Navigation, Chrome, Mail, Picasa & Co. - die besten Lösungen für den maximalen Praxisnutzen!], Düsseldorf.

Koch, D. (2007): Suchmaschinen-Optimierung – Website-Marketing für Entwickler, München.

Langville, A. N.; Meyer, C. D. (2012): Google's PageRank and beyond – The science of search engine rankings, Princeton N.J.

Morrow, B. (2009): Leadership & Culture at Google Inc., http://benmorrow.info/blog/leadership-culture-at-google-inc (Zugriff: 24.05.2016).

Müller, S. (2014): Die neue Realität: Erweiterung des Data Warehouse um Hadoop, NoSQL & Co - Springer, http://link.springer.com/article/10.1365/s40702-014-0053-9#/page-1 (Zugriff: 20.05.2016).

o.V. (o.J.a): Erfolg mit AdWords - AdWords-Hilfe, https://support.google.com/adwords/answer/6080949 (Zugriff: 19.05.2016).

o.V. (o.J.b): Google Glass, http://www.wearvision.de/googleglass/ (Zugriff: 21.05.2016).

o.V. (o.J.c): So funktioniert die Suche – Die Story – Alles über die Suche – Google, http://www.google.com/insidesearch/howsearchworks/thestory/index.html (Zugriff: 17.05.2016).

o.V. (o.J.d): Usage Statistics and Market Share of Traffic Analysis Tools for Websites, May 2016, http://w3techs.com/technologies/overview/traffic_analysis/all (Zugriff: 19.05.2016).

o.V. (1999): Google Receives $25 Million in Equity Funding – News announcements – News from Google – Google, Palo Alto, Kalifornien.

o.V. (2015): Google Inc (A) Aktie | Aktienkurs | Chart | A0B7FY, http://www.wallstreet-online.de/aktien/google-aktie (Zugriff: 18.05.2016).

o.V. (22.10.2015): Unternehmensgeschichte im Detail – Unternehmen – Google, https://www.google.com/intl/de_DE/about/company/history/ (Zugriff: 17.05.2016).

o.V. (2016): I/O: Building the next evolution of Google, https://googleblog.blogspot.de/2016/05/io-building-next-evolution-of-google.html (Zugriff: 21.05.2016).

Page, L. (2014): Annual Report 2014 – GOOG 2014.12.31 10-K, http://www.sec.gov/Archives/edgar/data/1288776/000128877615000008/goog2014123110-k.htm (Zugriff: 21.05.2016).

Page, L.; Brin, S. (1998a): The Anatomy of a Search Engine, Stanford, Kalifornien.

Page, L.; Brin, S. (1998b): The PageRank Citation Ranking: Bringing Order to the Web, Stanford, Kalifornien.

Reischl, G. (2008): Die Google-Falle – Die unkontrollierte Weltmacht im Internet, Aktualisierte Neuaufl., Wien.

Reppesgaard, L. (2010): Das Google-Imperium, 2. veränderte Aufl., Hamburg.

Sauer, M. (2015): Neuer Mutterkonzern: Aus Google wird Alphabet - Golem.de, http://www.golem.de/news/neuer-mutterkonzern-aus-google-wird-alphabet-1508-115680.html (Zugriff: 24.05.2016).

Schuldt, R.; Engelien, M.; Schmidt, M.; Bergert, D. (2015): Google Glass 2: Fakten und Gerüchte zum Project Aura, http://www.computerbild.de/artikel/cb-News-PC-Hardware-Google-Glass-2-11179858.html (Zugriff: 21.05.2016).

(08.09.2015): So funktioniert die Suche – Die Story – Alles über die Suche – Google, http://www.google.com/insidesearch/howsearchworks/thestory/index.html (Zugriff: 17.05.2016).

Statista (2014a): Google - Marktanteile in verschiedenen Marktsegmenten 2014 | Statistik, http://de.statista.com/statistik/daten/studie/301102/umfrage/marktanteil-von-gogle-in-deutschland-in-verschiedenen-marktsegmenten/ (Zugriff: 18.05.2016).

Statista (2014b): Google-Zukäufe - Kaufpreis 2014 | Statistik, http://de.statista.com/statistik/daten/studie/285066/umfrage/ranking-der-google-zukaeufe-mit-den-hoechsten-kaufpreisen/ (Zugriff: 24.05.2016).

Statista (2015a): Größte Internetunternehmen nach Börsenwert weltweit 2015 | Statistik, http://de.statista.com/statistik/daten/studie/217485/umfrage/marktwert-der-groessten-internet-firmen-weltweit/ (Zugriff: 18.05.2016).

Statista (2015b): Markenwerte der wertvollsten Technologiemarken 2015 | Statistik, http://de.statista.com/statistik/daten/studie/156431/umfrage/markenwerte-der-wertvollsten-technologiemarken-weltweit/ (Zugriff: 18.05.2016).

Statista (2015c): Suchmaschinen - Bekanntheit bei Kindern in Deutschland 2014 | Umfrage, http://de.statista.com/statistik/daten/studie/259354/umfrage/bekanntheit-von-suchmaschinen-bei-kindern-nach-altersgruppen/ (Zugriff: 19.05.2016).

Statista (2015d): Videoplattformen - Reichweite in Deutschland 2015 | Statistik, http://de.statista.com/statistik/daten/studie/209329/umfrage/fuehrende-videoportale-in-deutschland-nach-nutzeranteil/ (Zugriff: 21.05.2016).

Statista (2016a): Facebook vs. YouTube - Unique Visitors in den USA 2016 | Statistik, http://de.statista.com/statistik/daten/studie/295920/umfrage/besucher-von-facebook-und-youtube-in-den-usa/ (Zugriff: 21.05.2016).

Statista (2016b): Google - Mitarbeiter weltweit 2015 | Statistik, http://de.statista.com/statistik/daten/studie/195387/umfrage/anzahl-der-mitarbeiter-von-google-seit-2001/ (Zugriff: 17.05.2016).

Statista (2016c): Google - Umsatz mit Werbung 2015 | Statistik, http://de.statista.com/statistik/daten/studie/75188/umfrage/werbeumsatz-von-google-seit-2001/ (Zugriff: 18.05.2016).

Statista (2016d): Google - Umsatz weltweit bis 2016 | Statistik, http://de.statista.com/statistik/daten/studie/540059/umfrage/umsatz-von-google-nach-quartalen/ (Zugriff: 22.05.2016).

Statista (2016e): Google-Anzeigen - Veränderung der durchschnittlichen Klickpreise auf Google-Anzeigen 2016 | Statistik, http://de.statista.com/statistik/daten/studie/329423/umfrage/veraenderung-der-durchschnittlichen-klickpreise-auf-google-anzeigen/ (Zugriff: 25.05.2016).

Statista (2016f): Marktanteile der Suchmaschinen - Mobil und stationär 2015 | Statistik, http://de.statista.com/statistik/daten/studie/222849/umfrage/marktanteile-der-suchmaschinen-weltweit/ (Zugriff: 19.05.2016).

Statista (2016g): Suchmaschinen - Marktanteil in den USA 2016 | Ranking, http://de.statista.com/statistik/daten/studie/71348/umfrage/marktanteil-von-suchmaschinen-in-den-usa/ (Zugriff: 18.05.2016).

Statista (2016h): YouTube - Umsatz weltweit 2015 | Statistik, http://de.statista.com/statistik/daten/studie/509895/umfrage/umsatz-von-youtube-weltweit/ (Zugriff: 23.05.2016).

Tanase, R.; Radu, R. (01.03.2015): PageRank Algorithm - The Mathematics of Google Search, http://www.math.cornell.edu/~mec/Winter2009/RalucaRemus/Lecture3/lecture3.html (Zugriff: 17.05.2016).

Turau, V. (2009): Algorithmische Graphentheorie, 2., überarb. Aufl., München, Wien.

Tusche, C. (2015): Das Google Analytics-Buch, 1. Auflage, Beijing, Cambridge, Farnham, Köln, Sebastopol, Tokyo.

Vise, D. A.; Malseed, M. (2007): Die Google-Story, 2. Aufl., Hamburg.

Weinand, K. (2014): Top-Rankings bei Google und Co – [Schritt für Schritt zum besseren Ranking ; SEO-Analyse, Onsite- und Offsite-Optimierung ; Tools, Tricks, Erfolgskontrolle ; mehr Besucher für Ihre Website], 1. korr. Nachdr, Bonn.

Wendt, J. (2015): Google Glass: Datenbrille wird gestoppt und weiterentwickelt, in: Die Zeit Online.

YouTube (o.J.): The Vatican - Deutsch, https://www.youtube.com/user/vaticande (Zugriff: 21.05.2016).